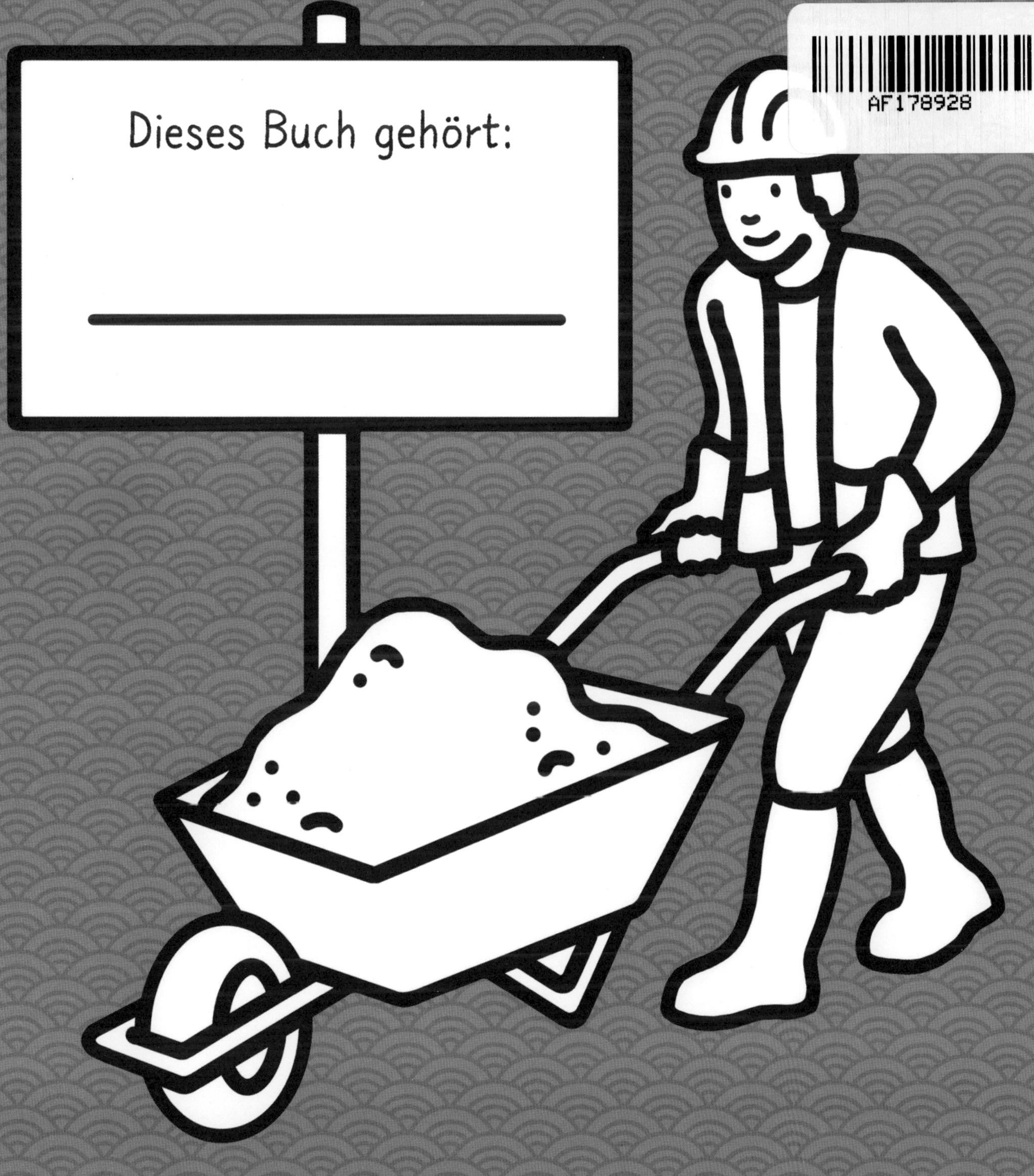
Dieses Buch gehört:

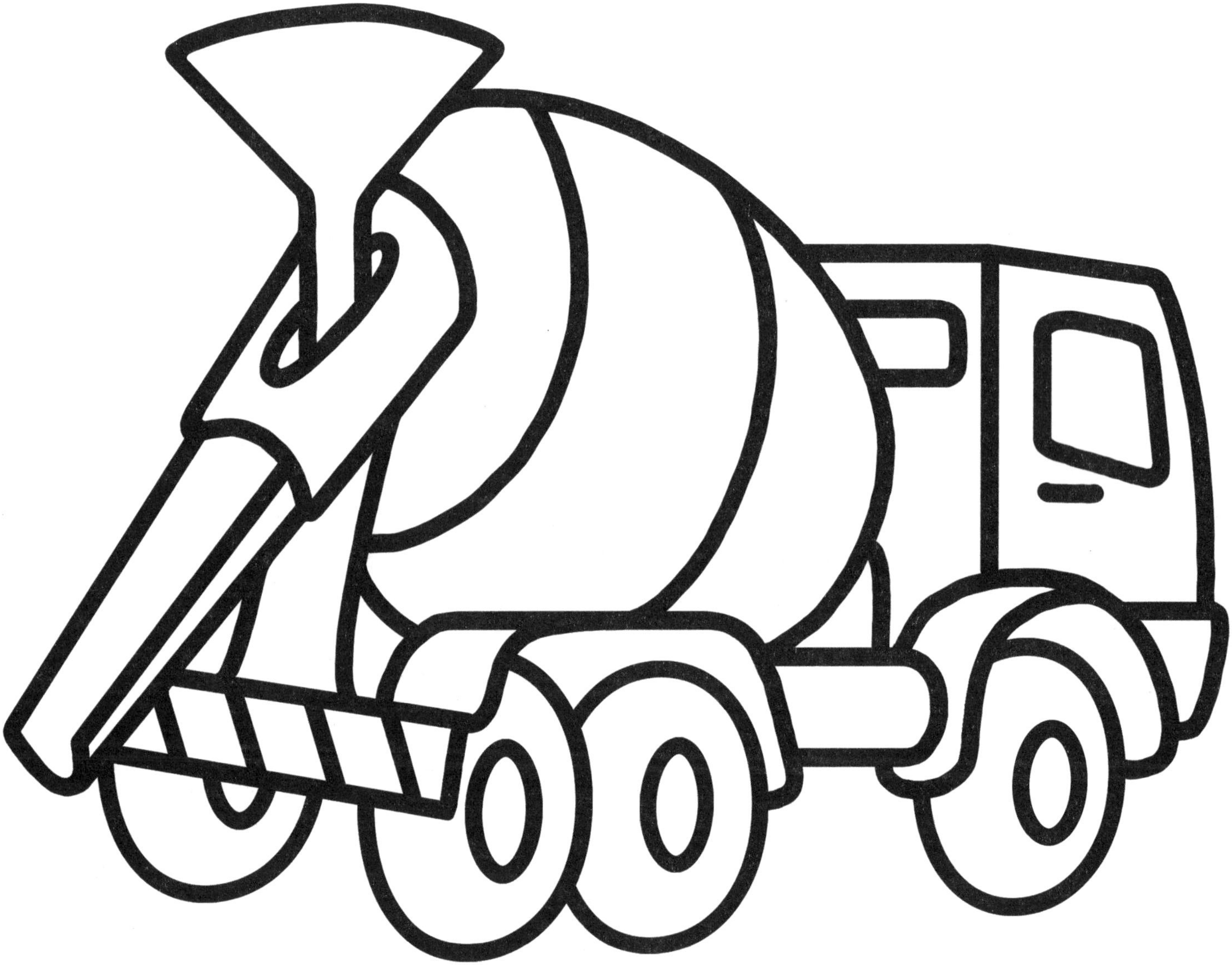

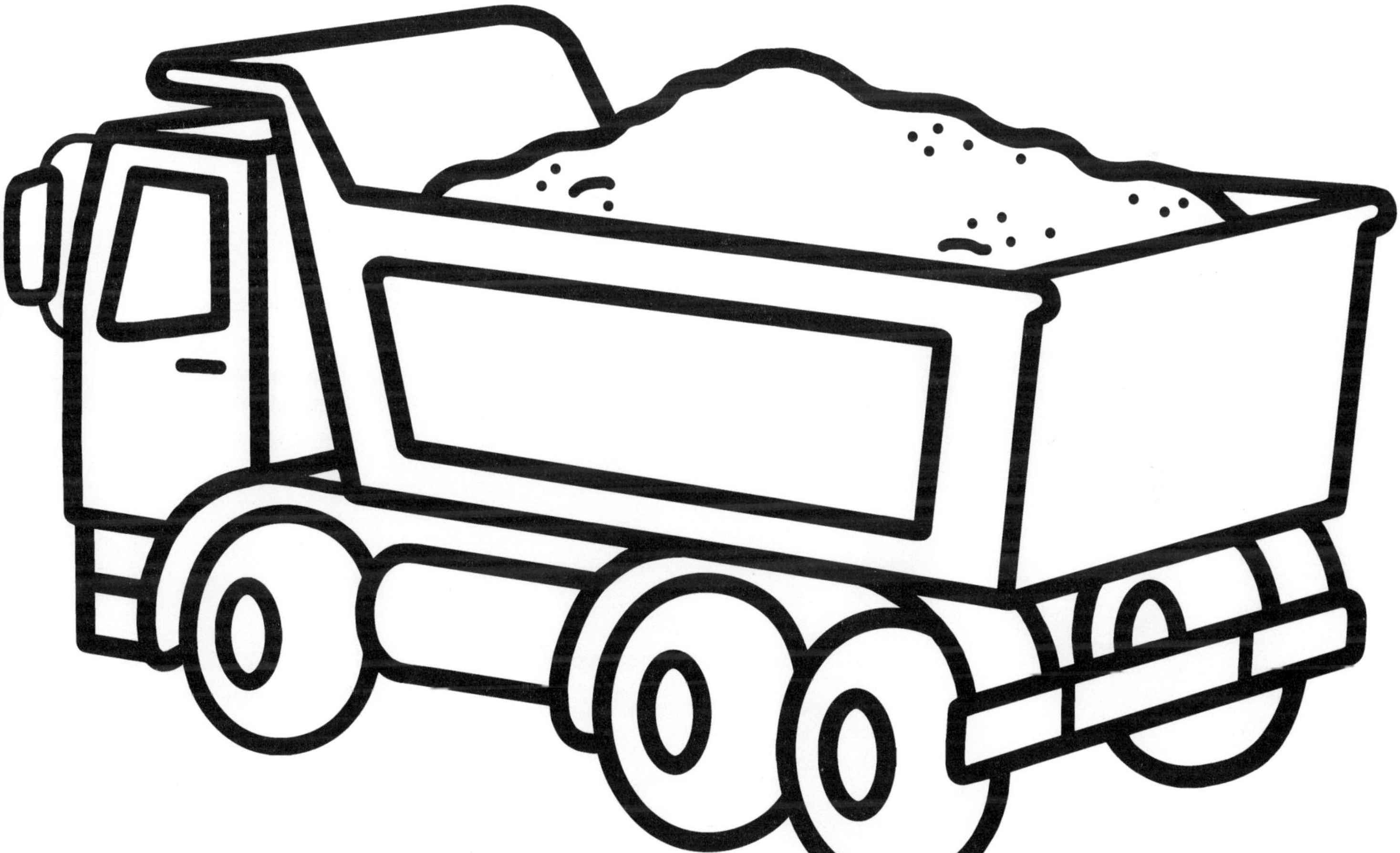

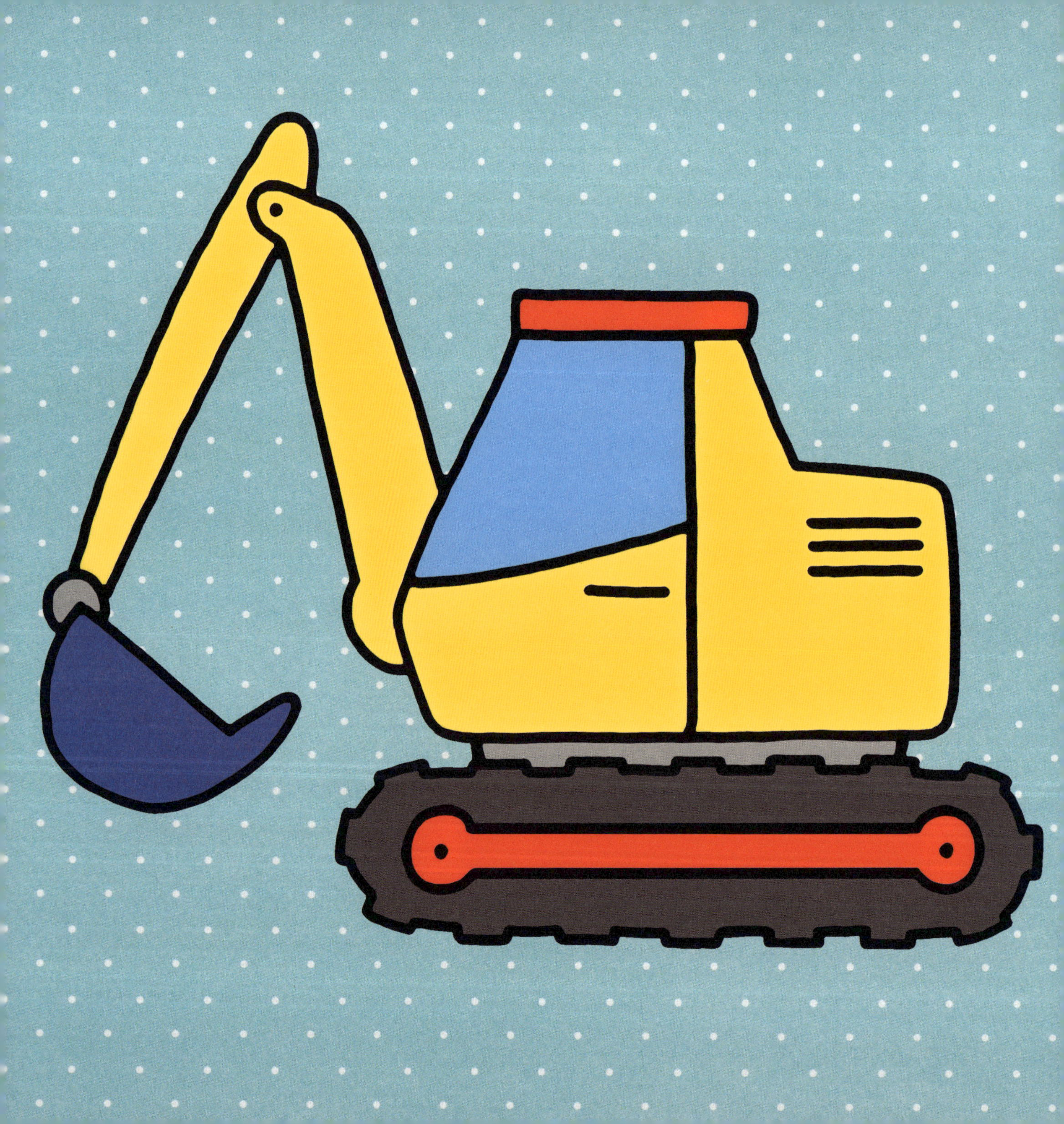

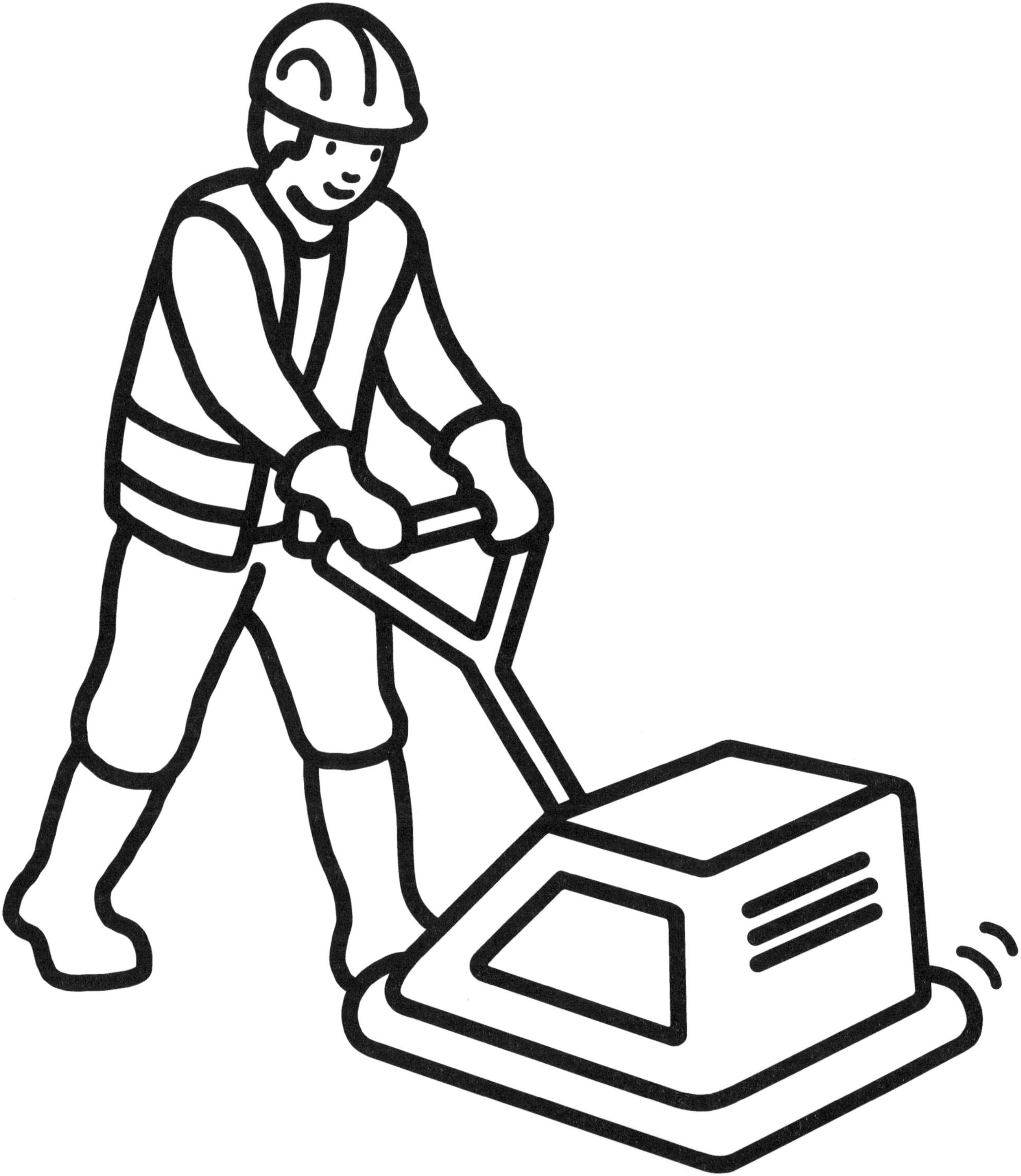

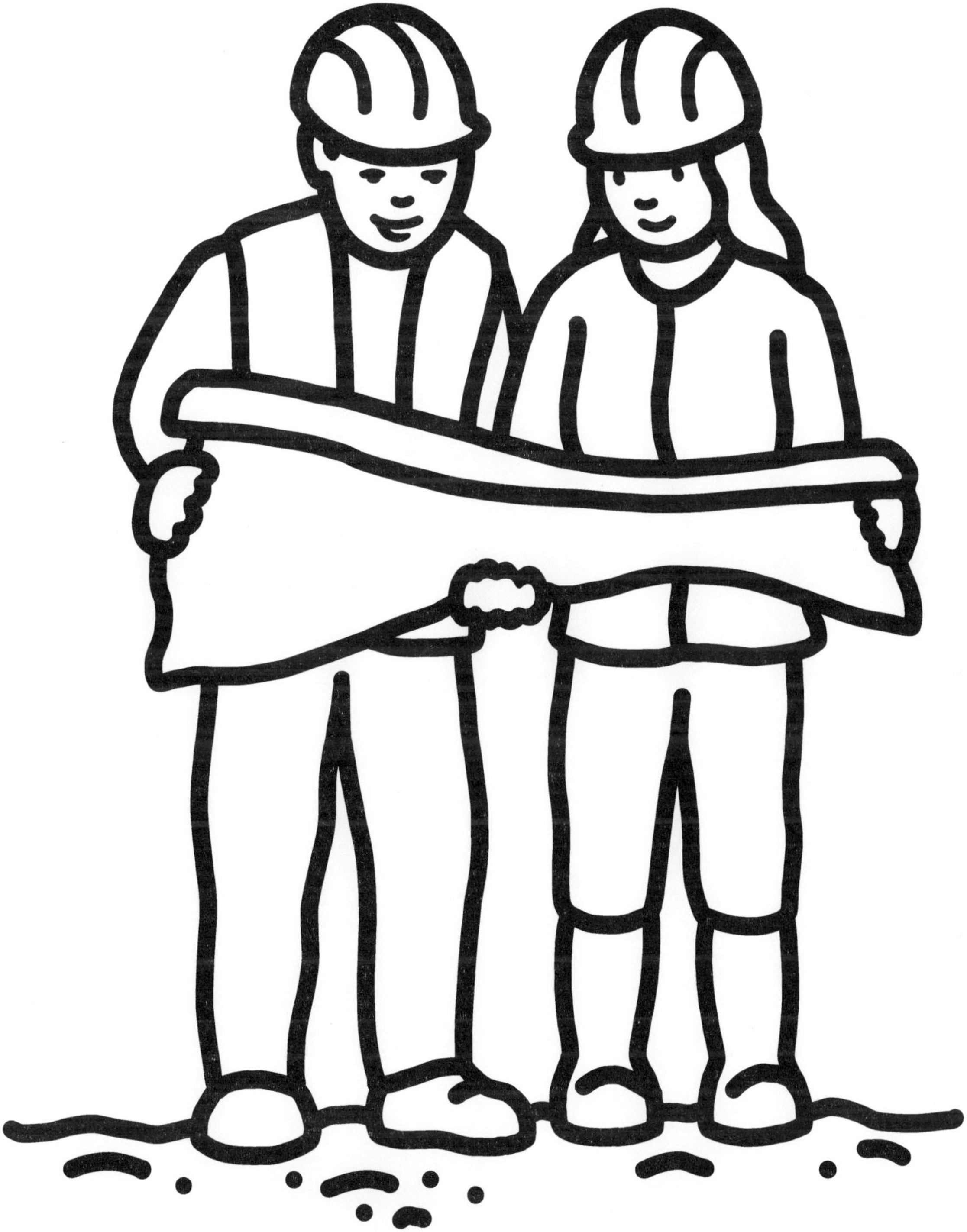

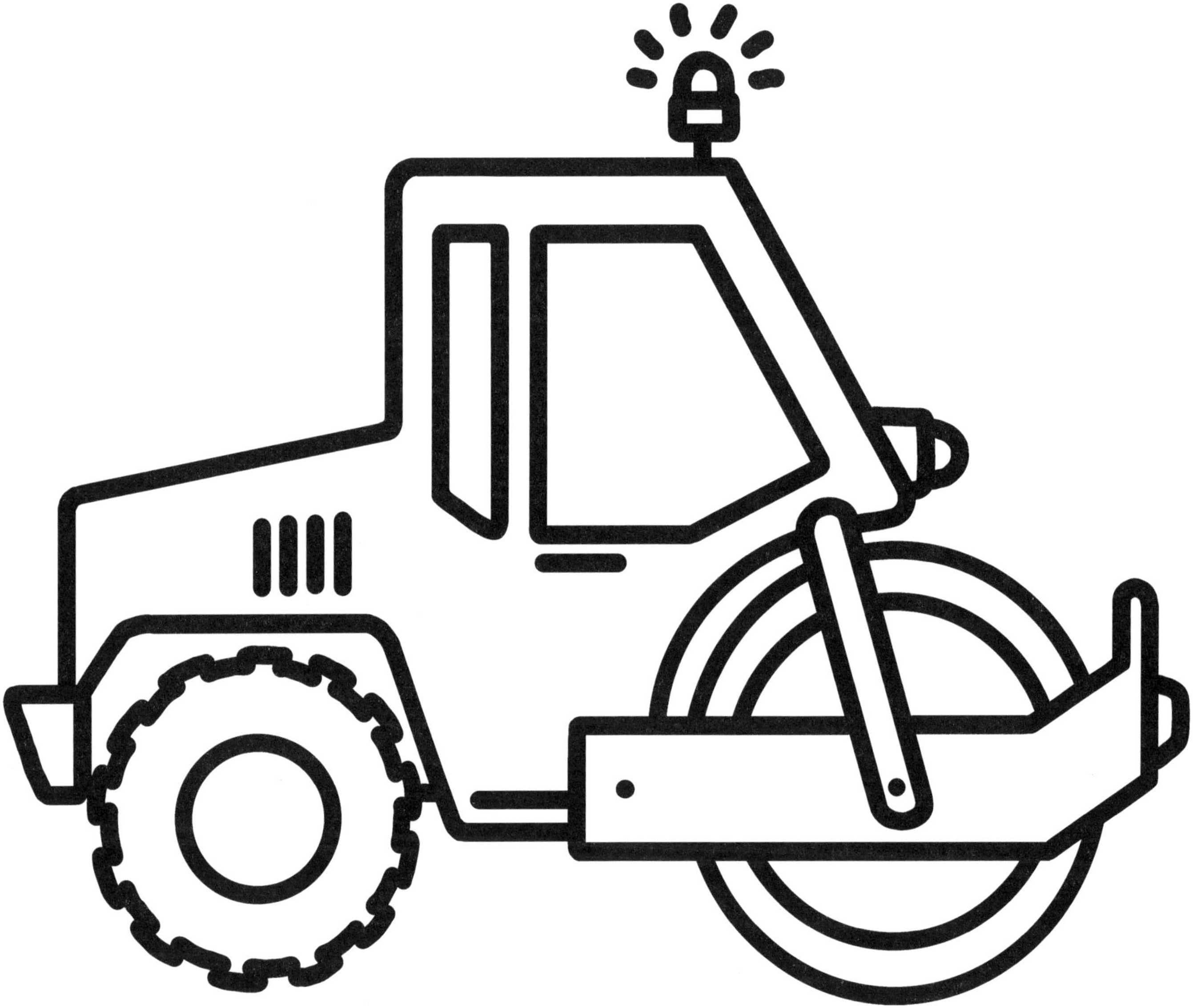

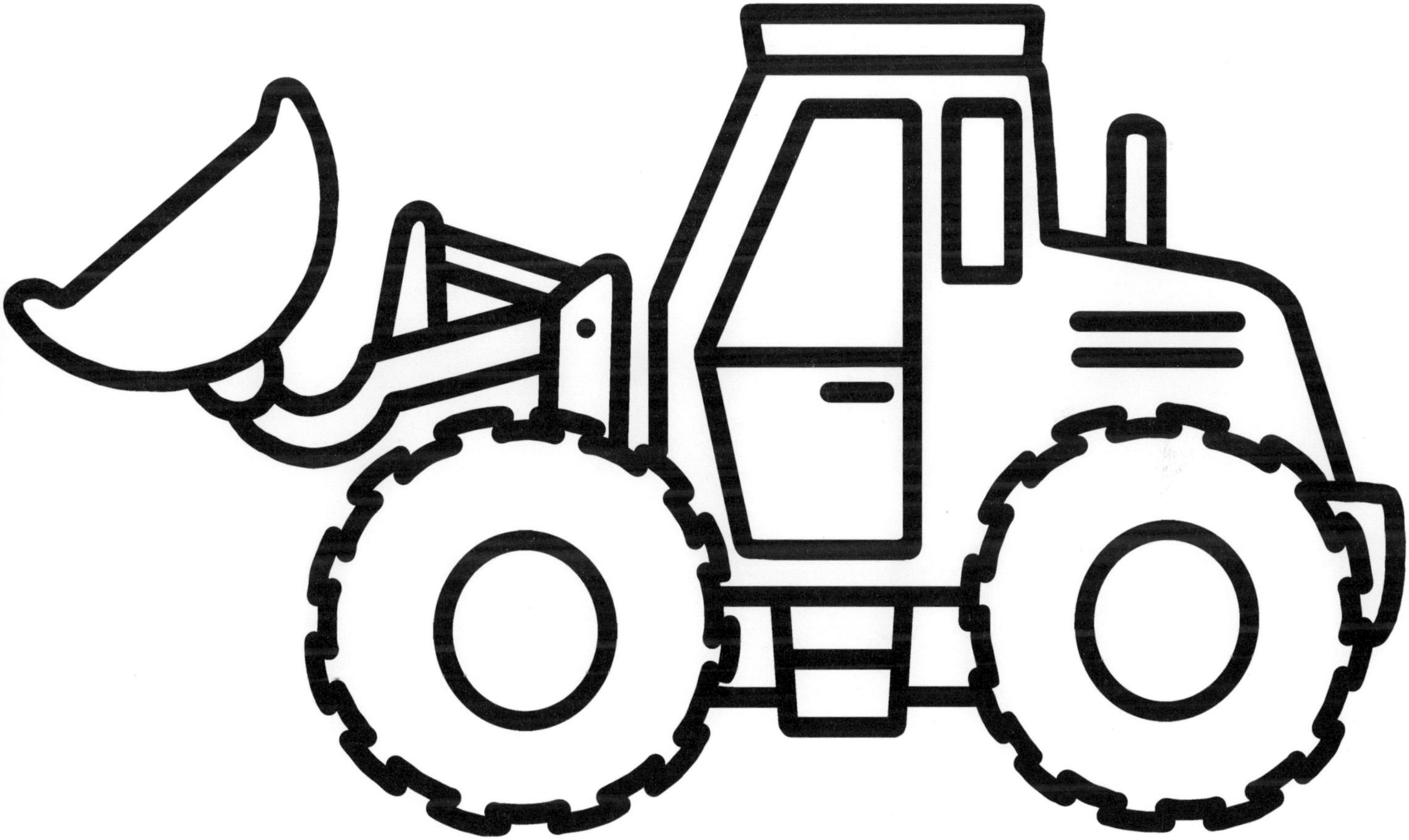

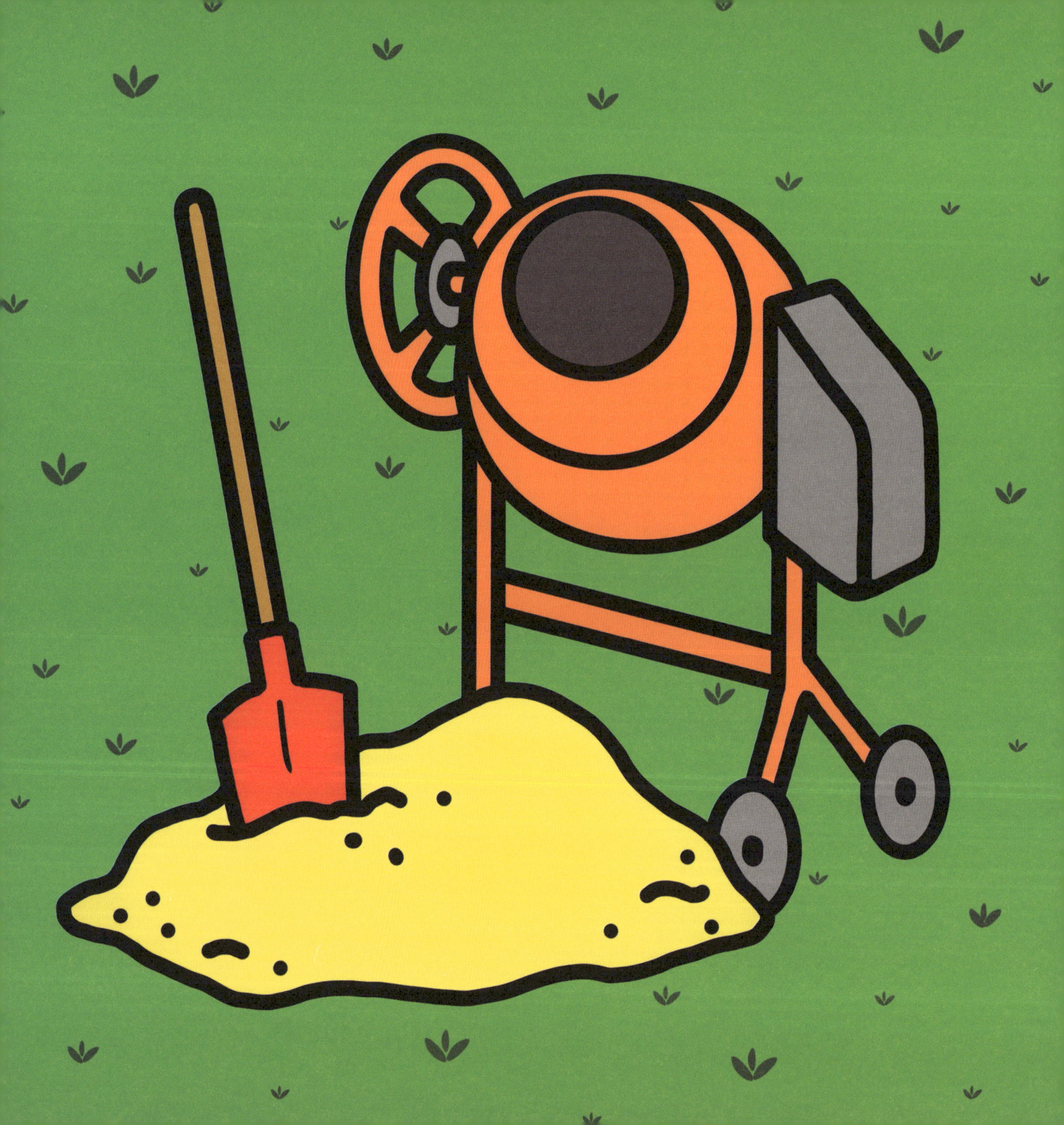

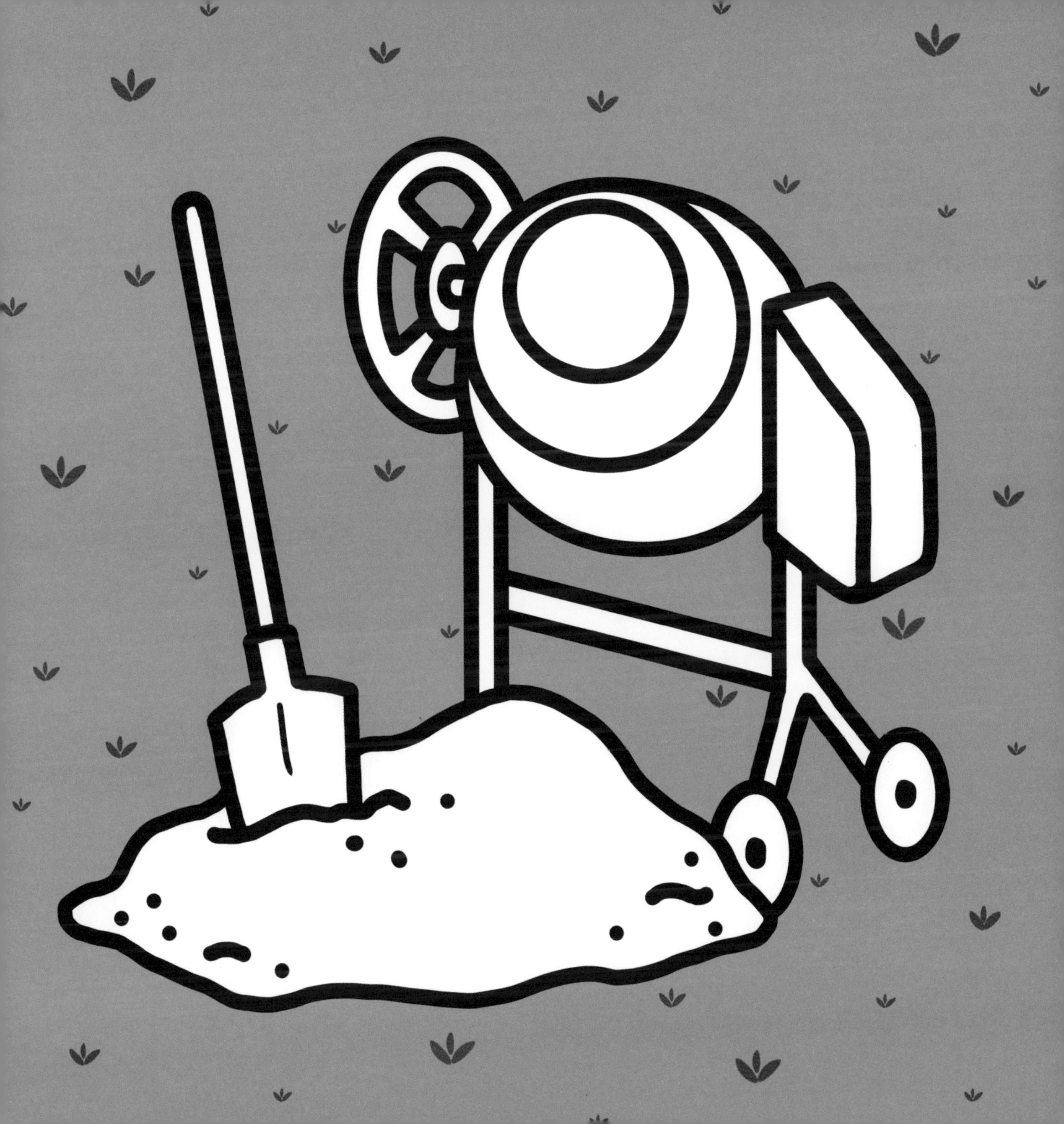

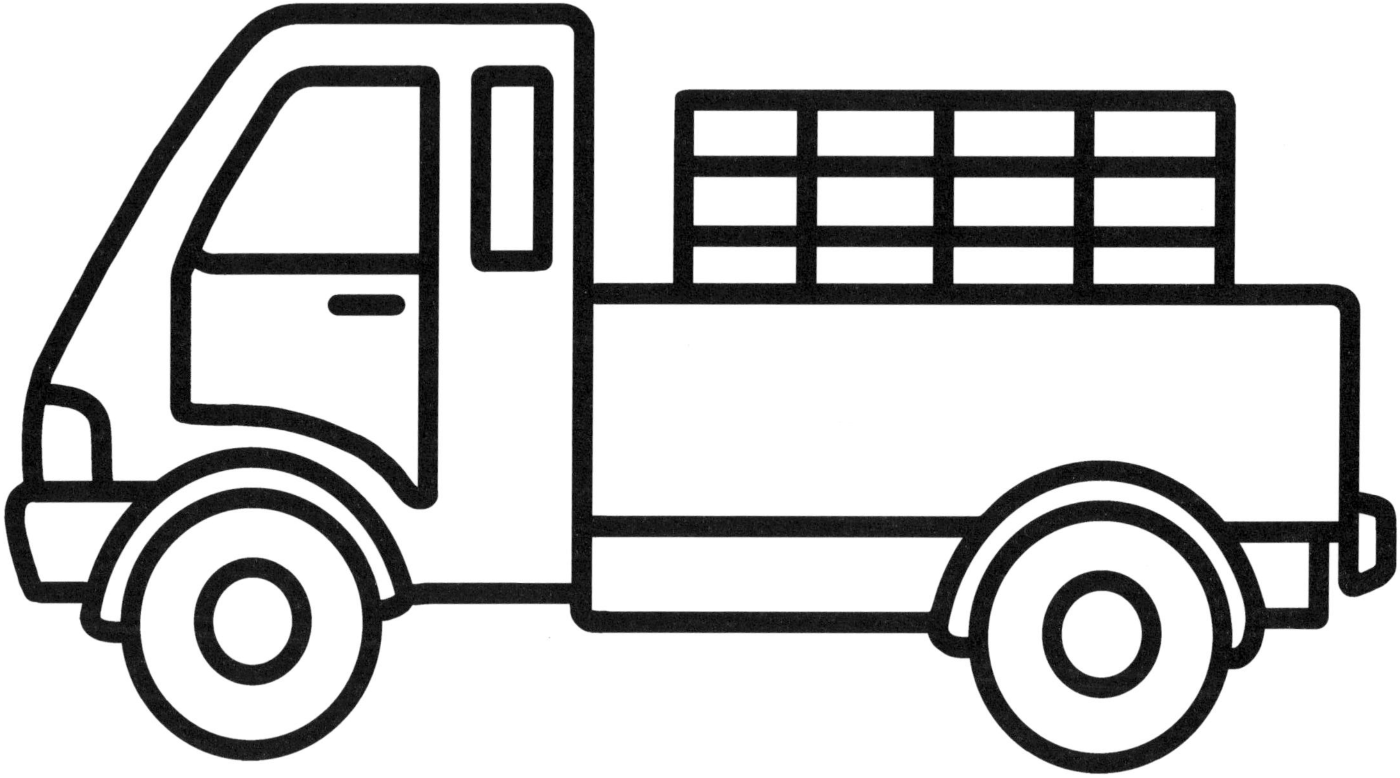

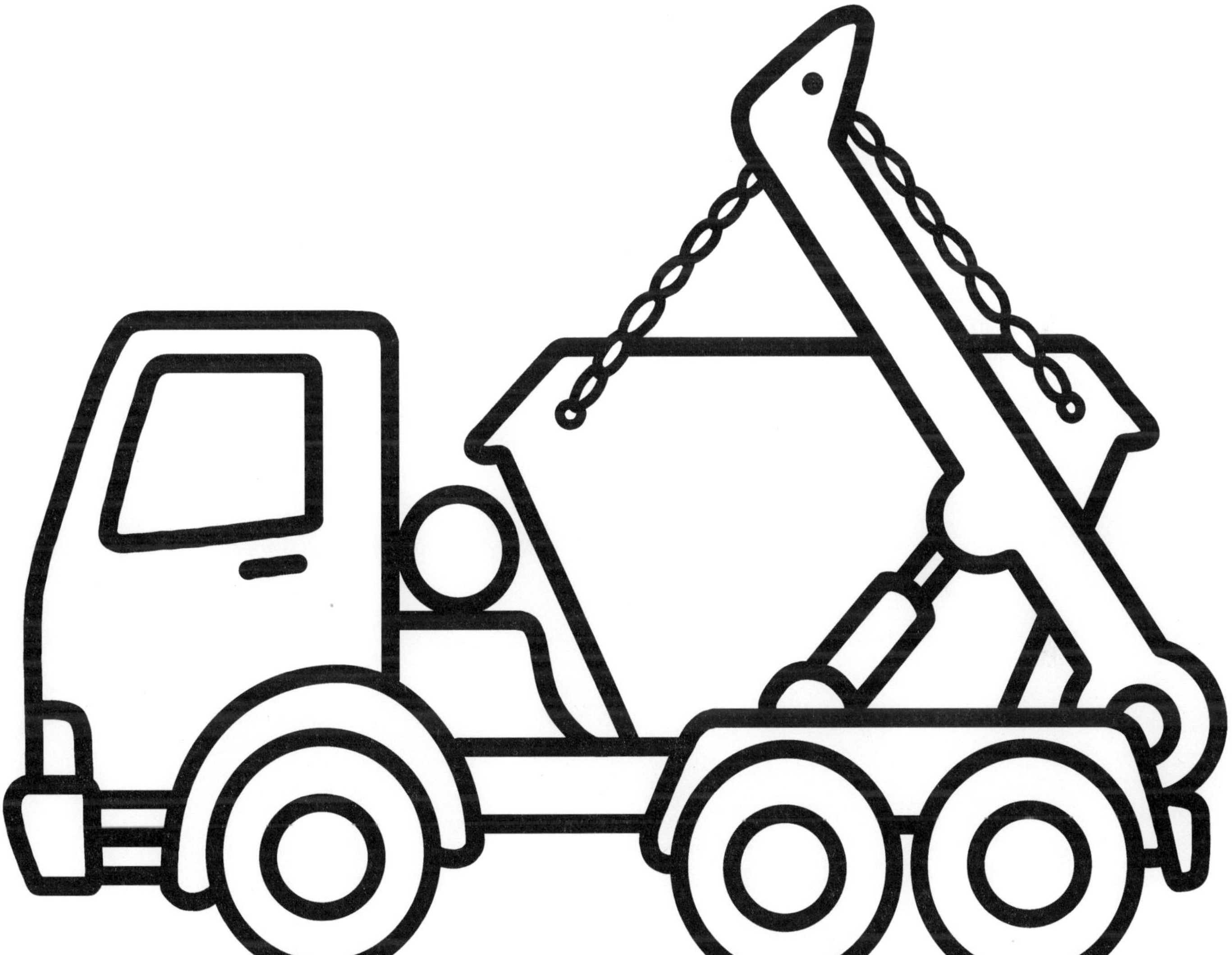

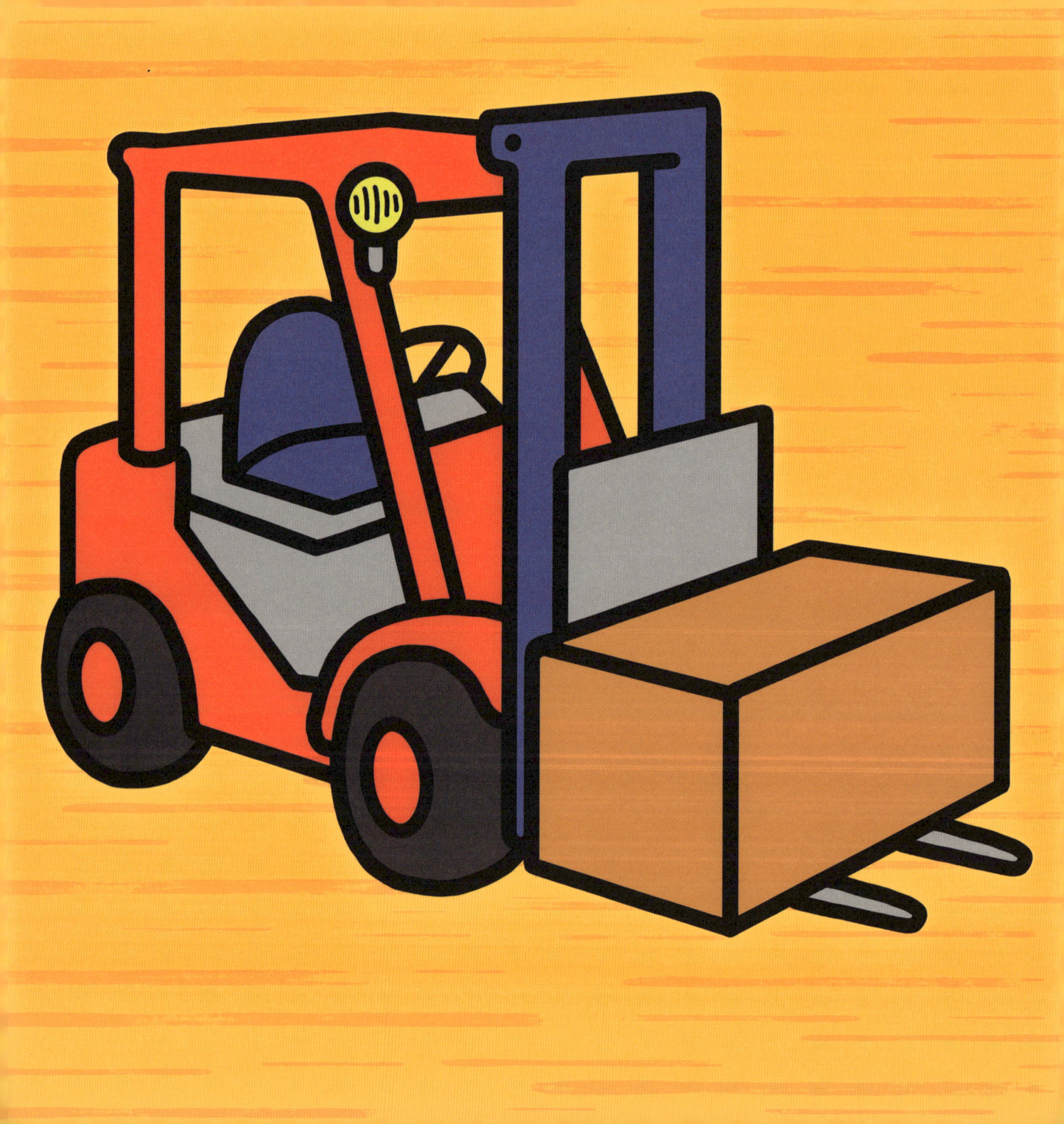

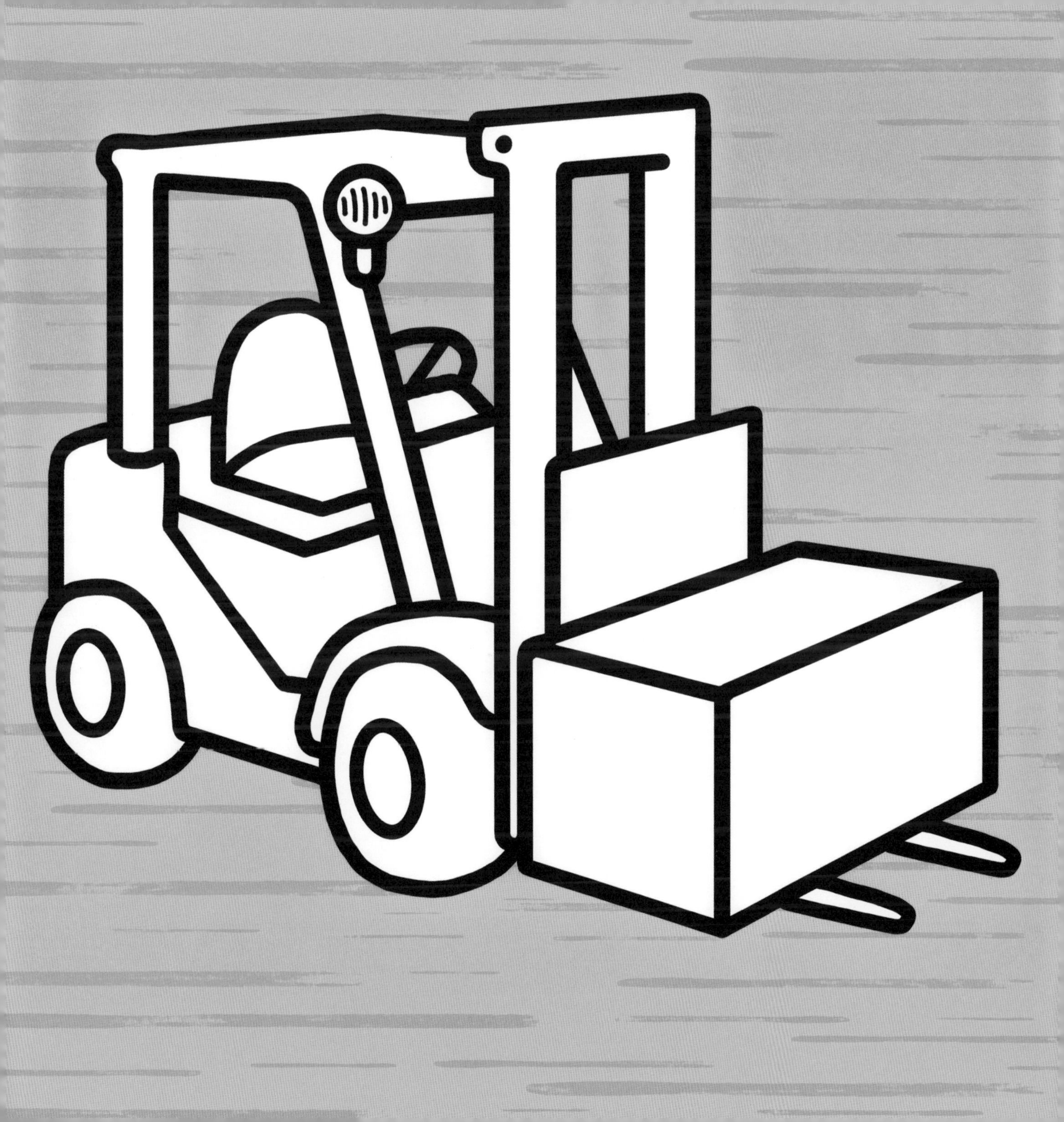

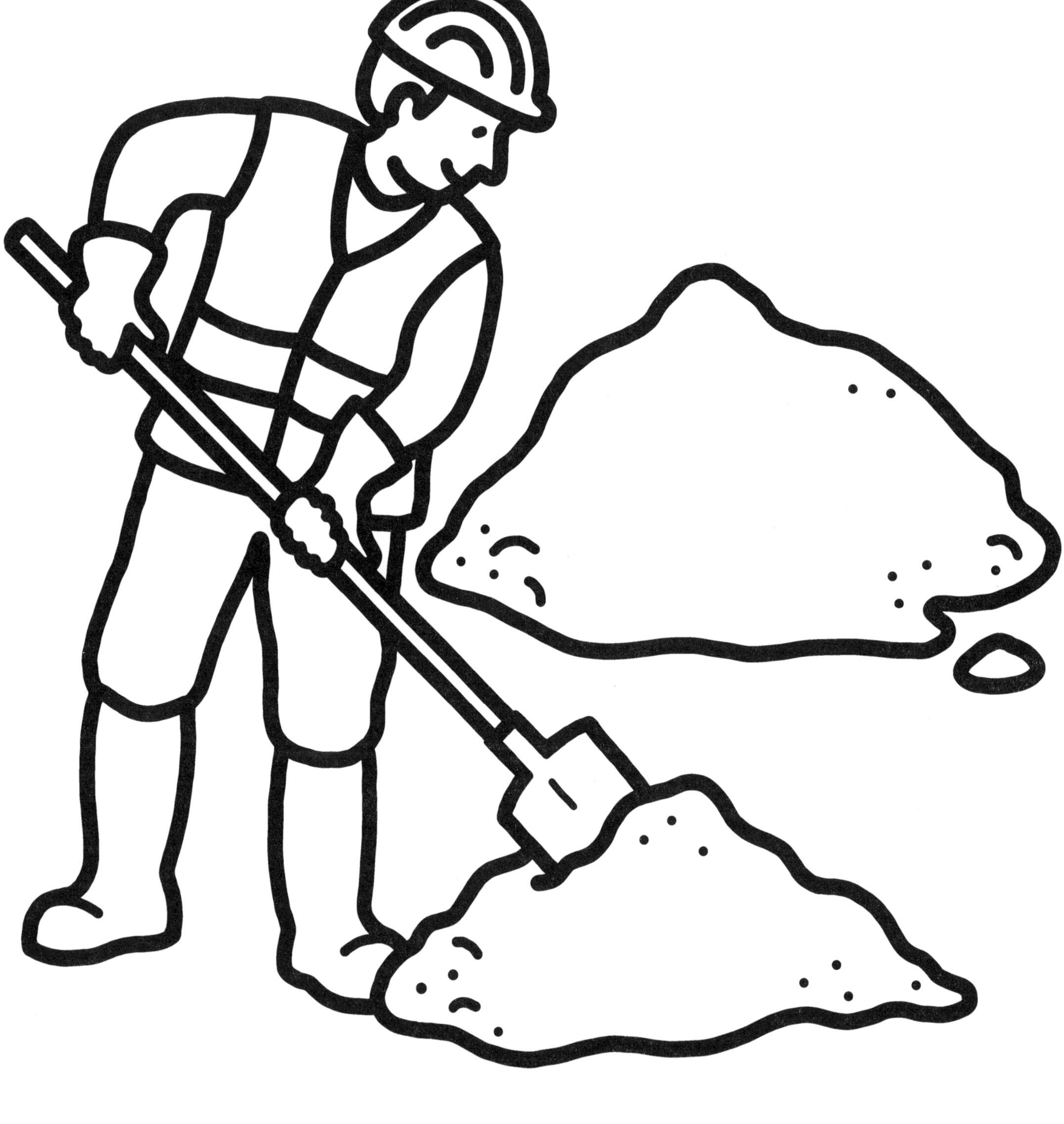

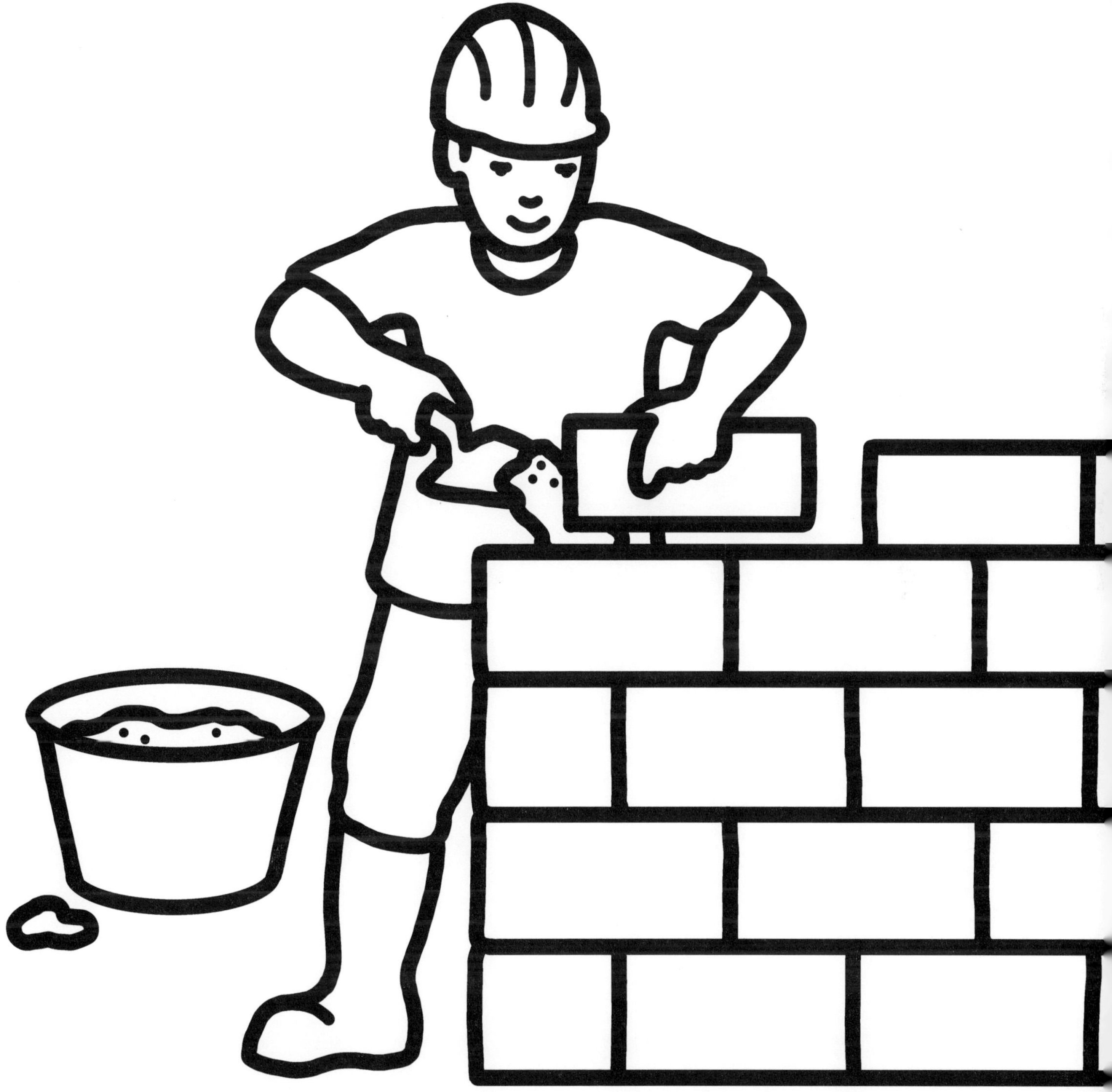

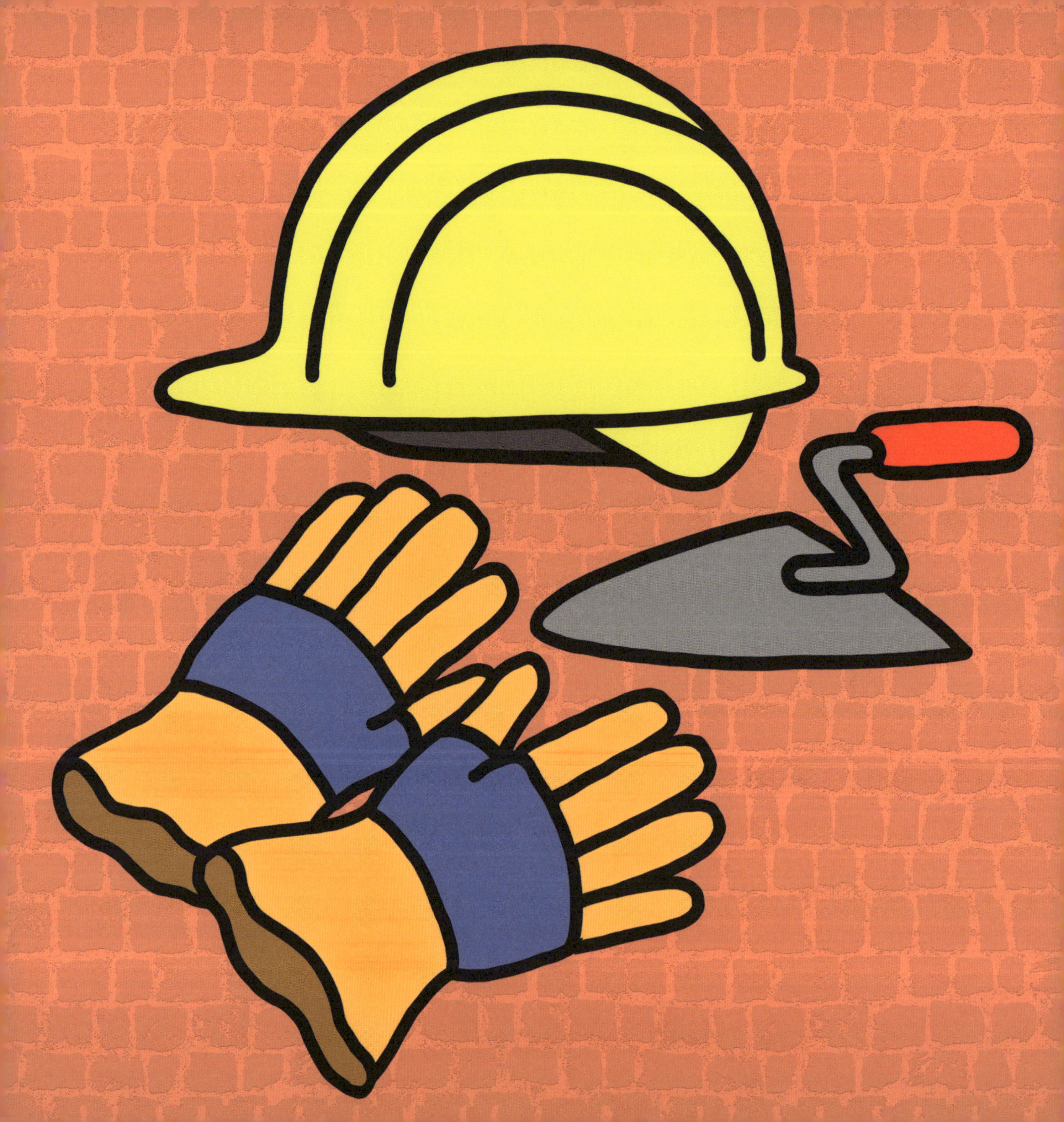

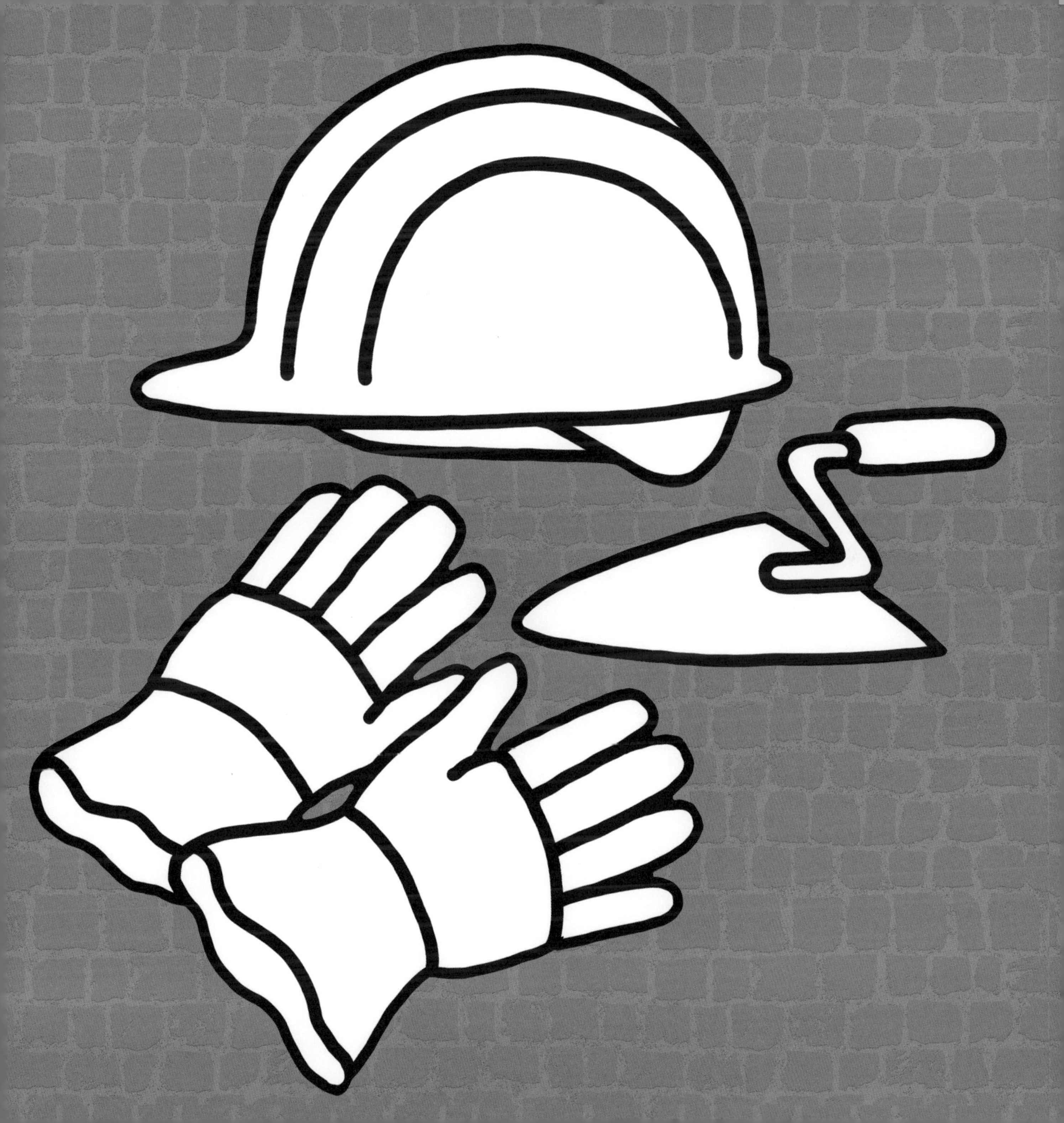

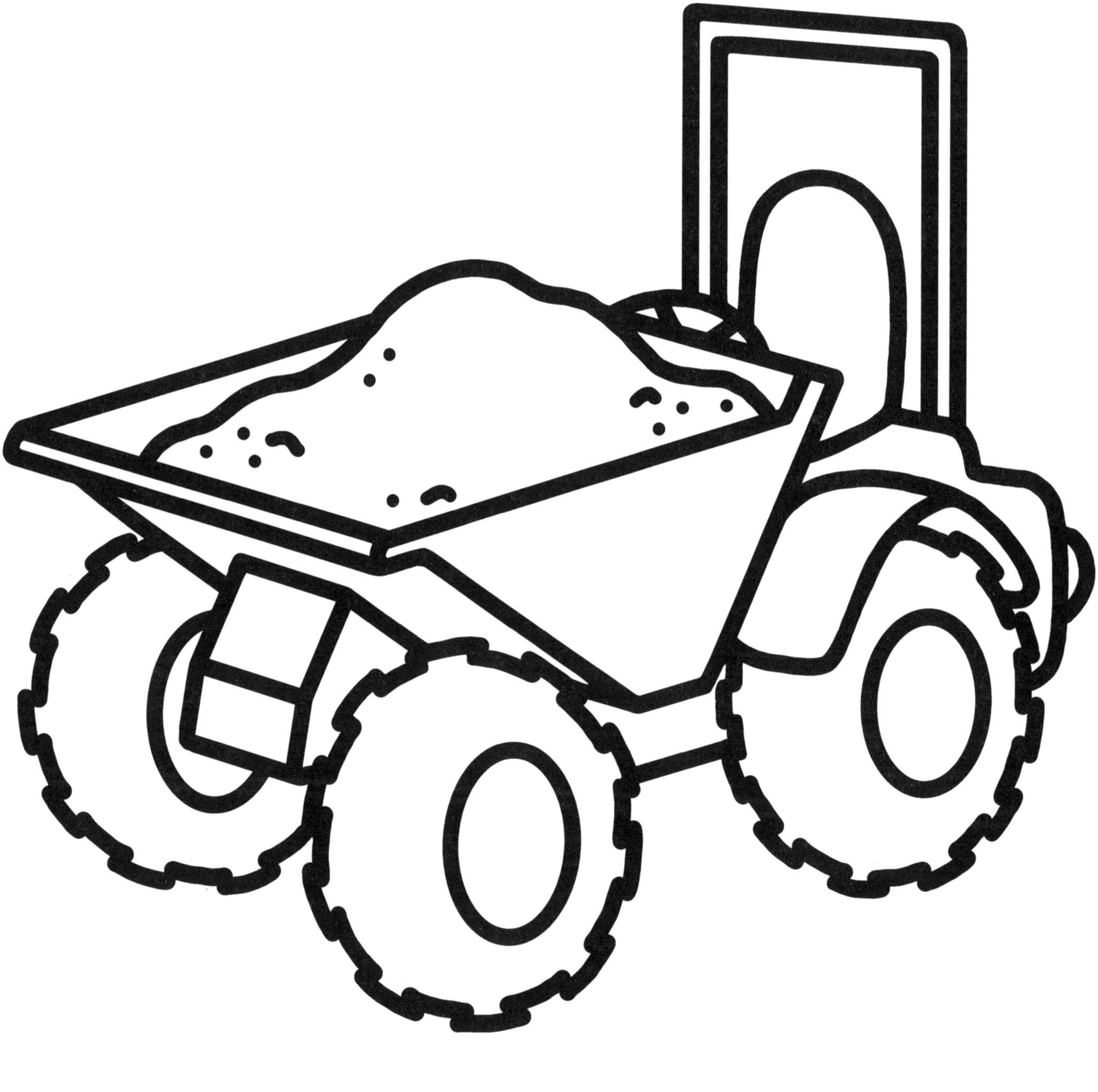

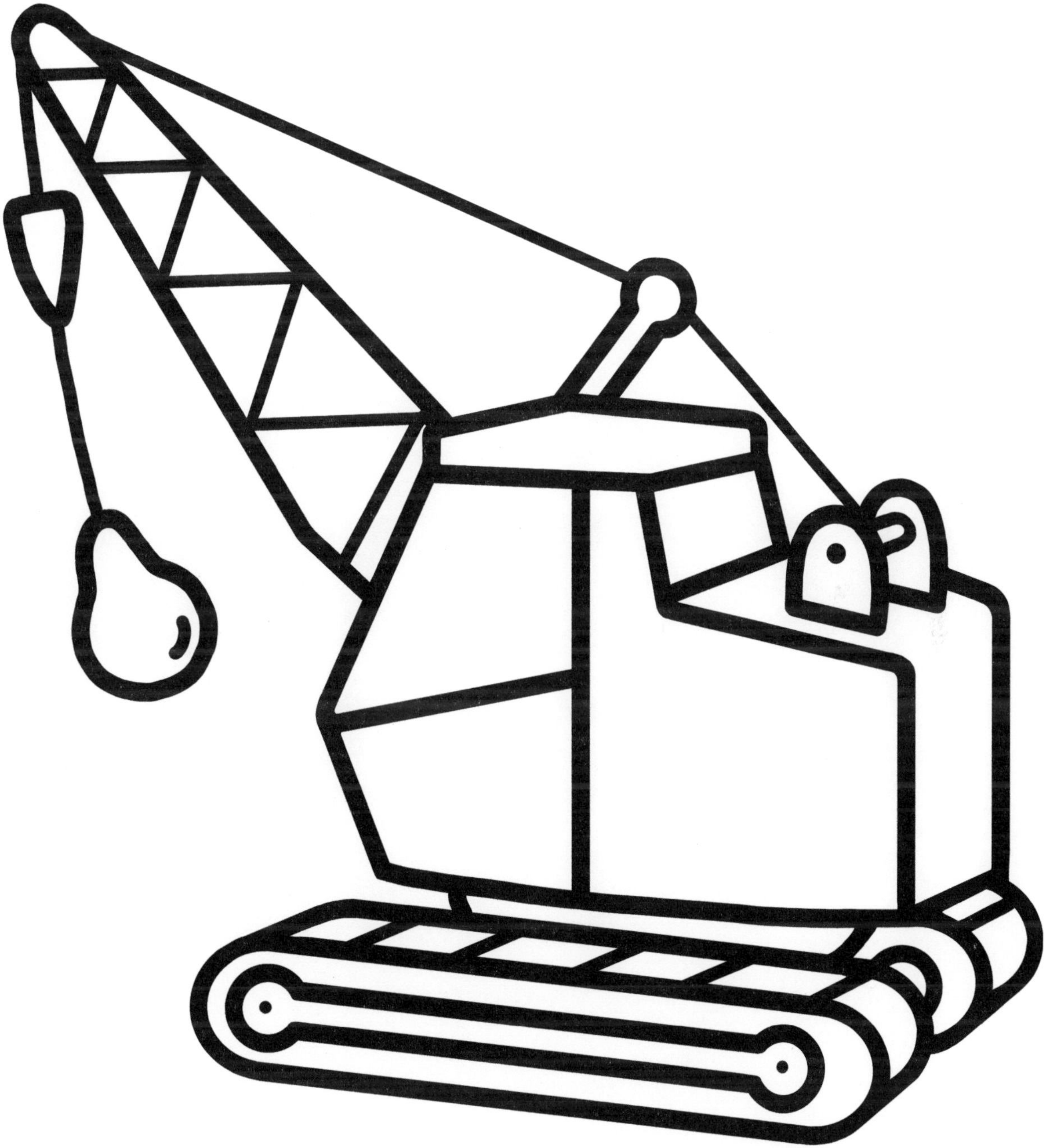

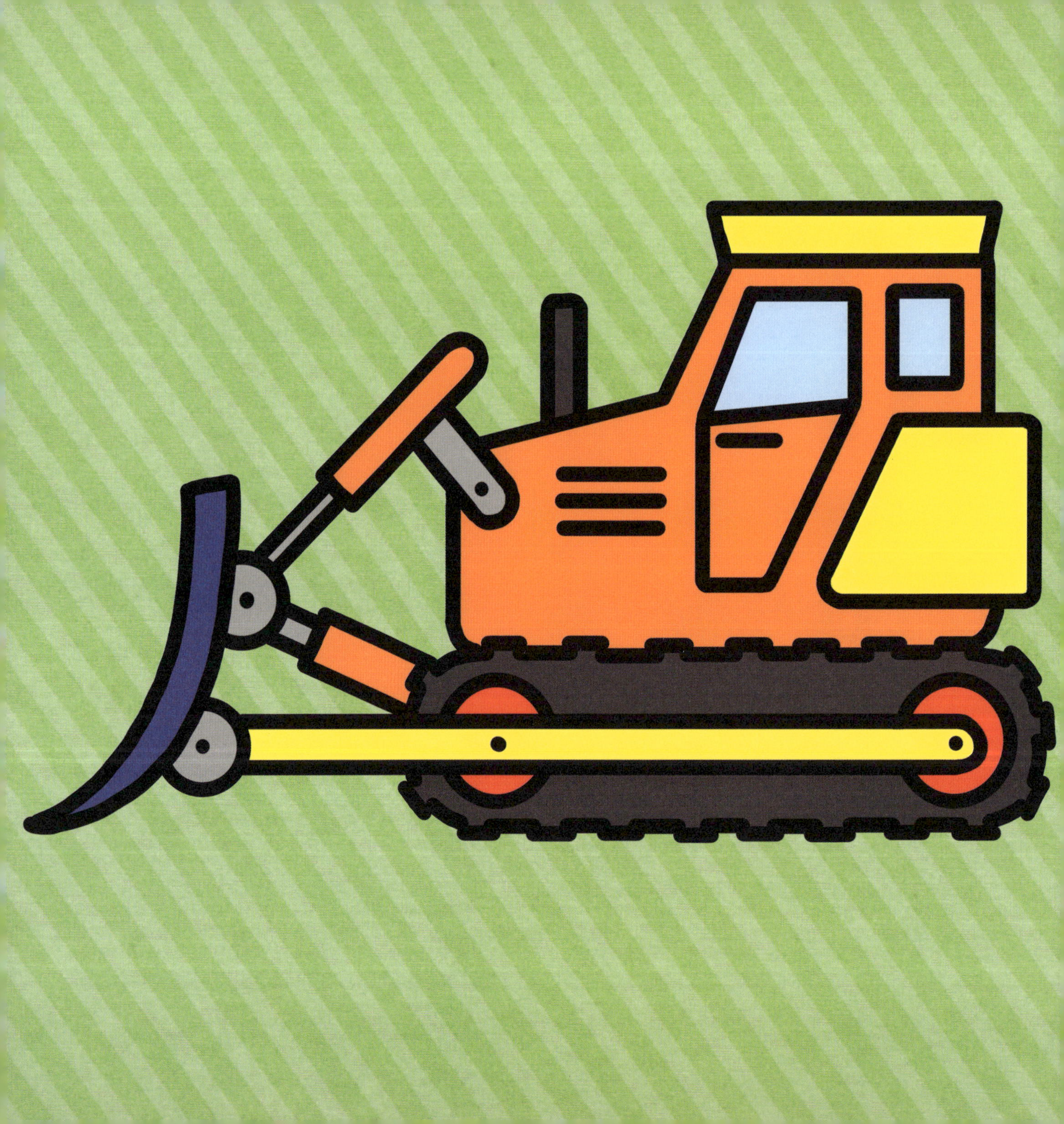

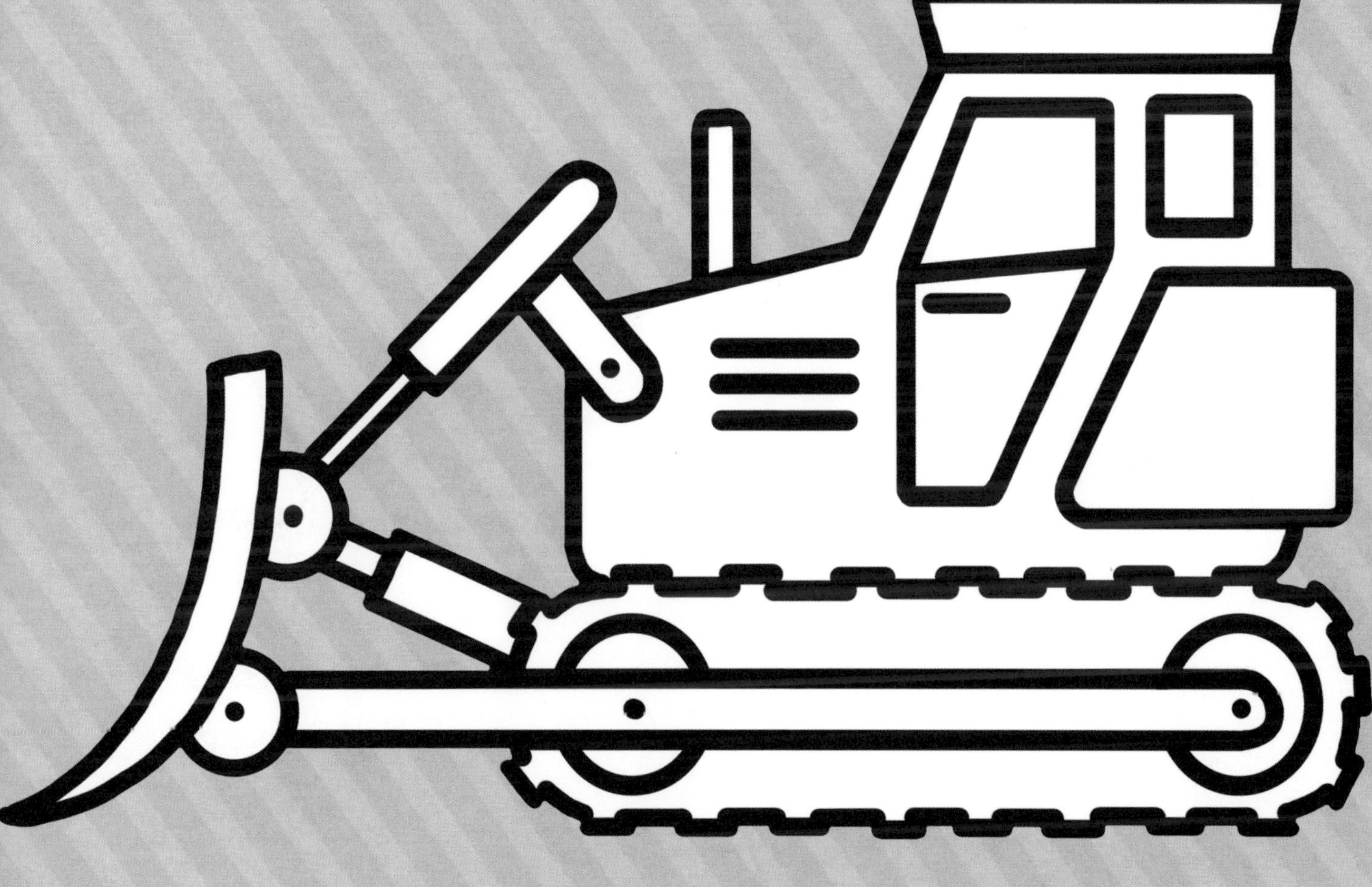

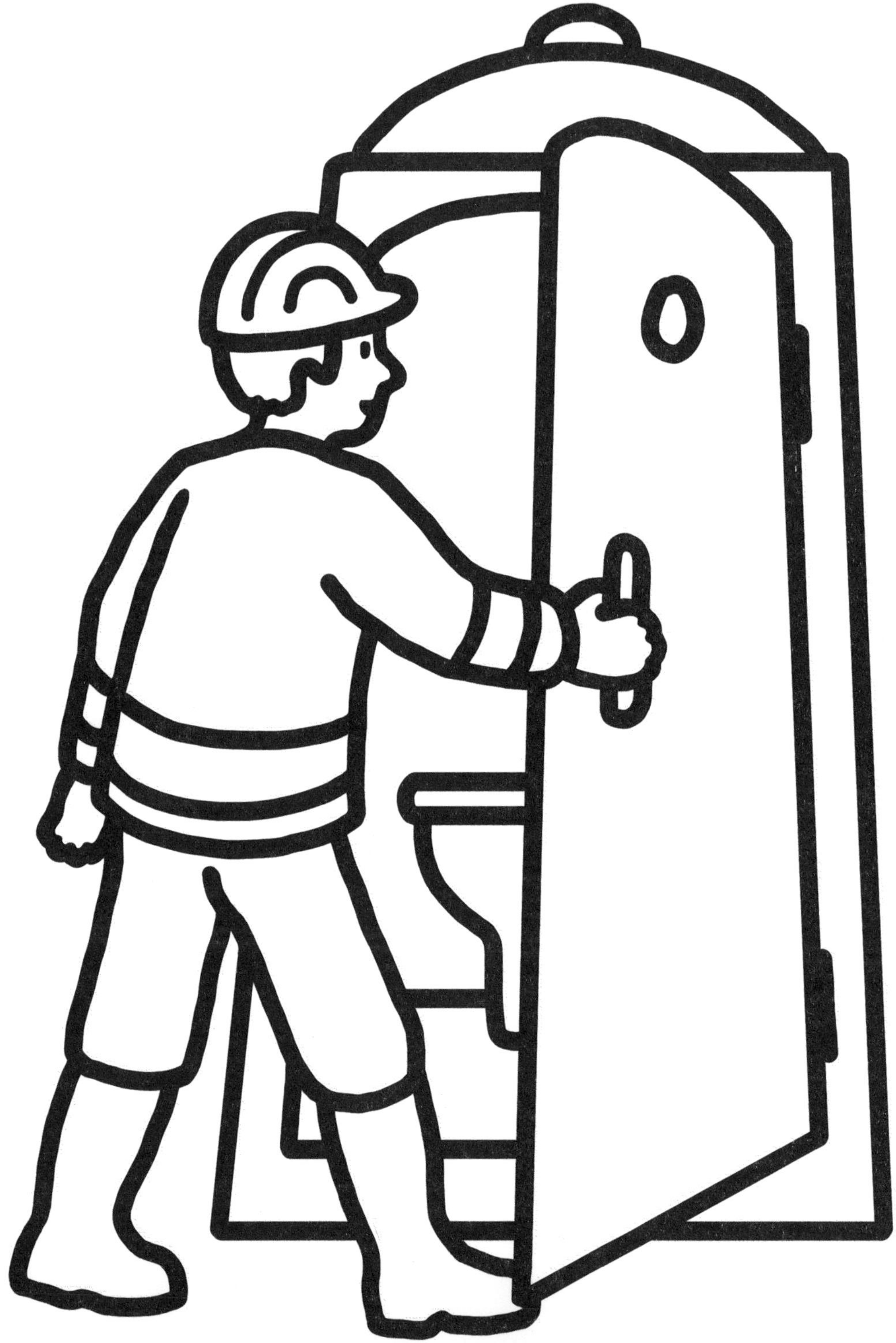

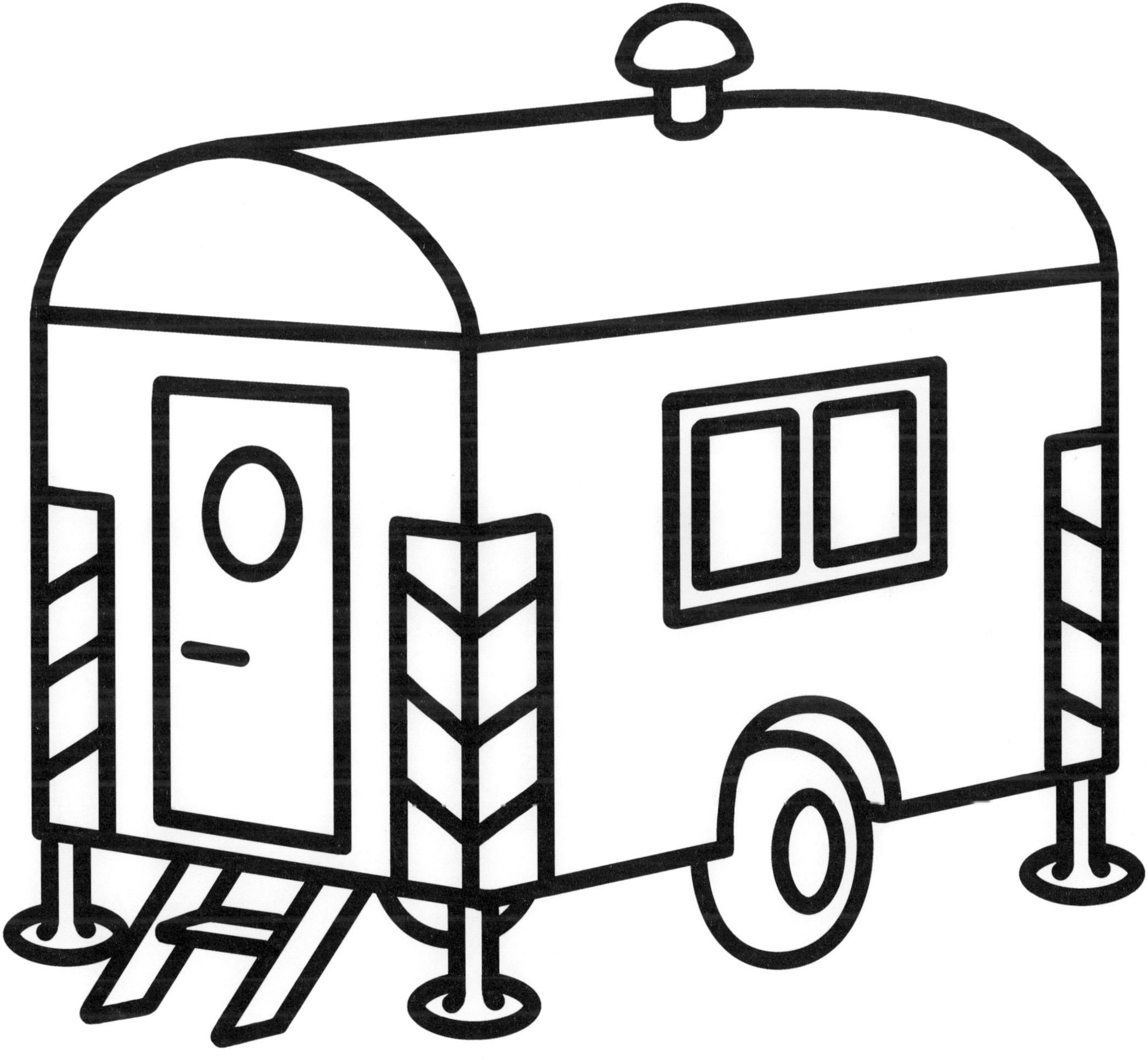

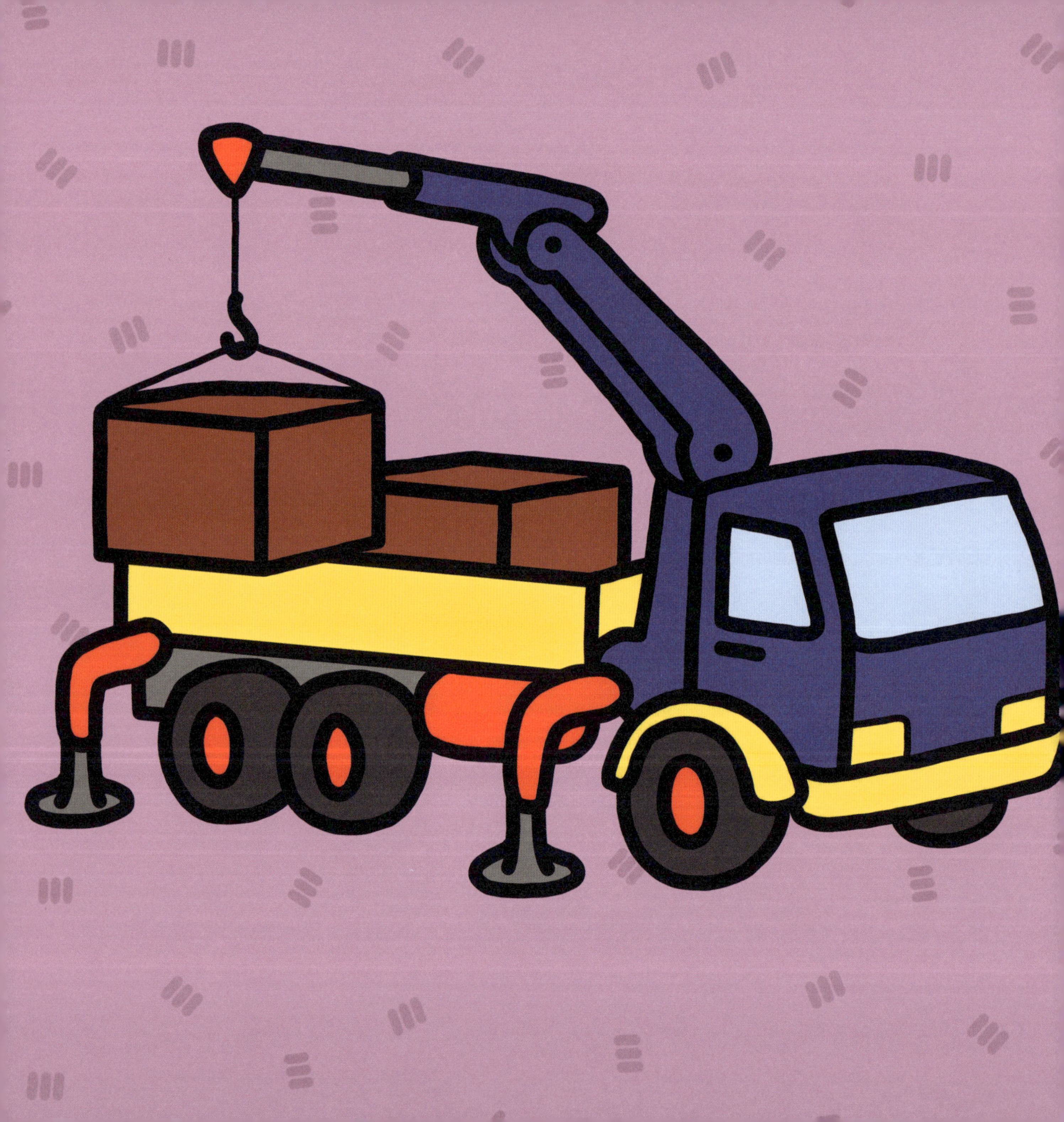

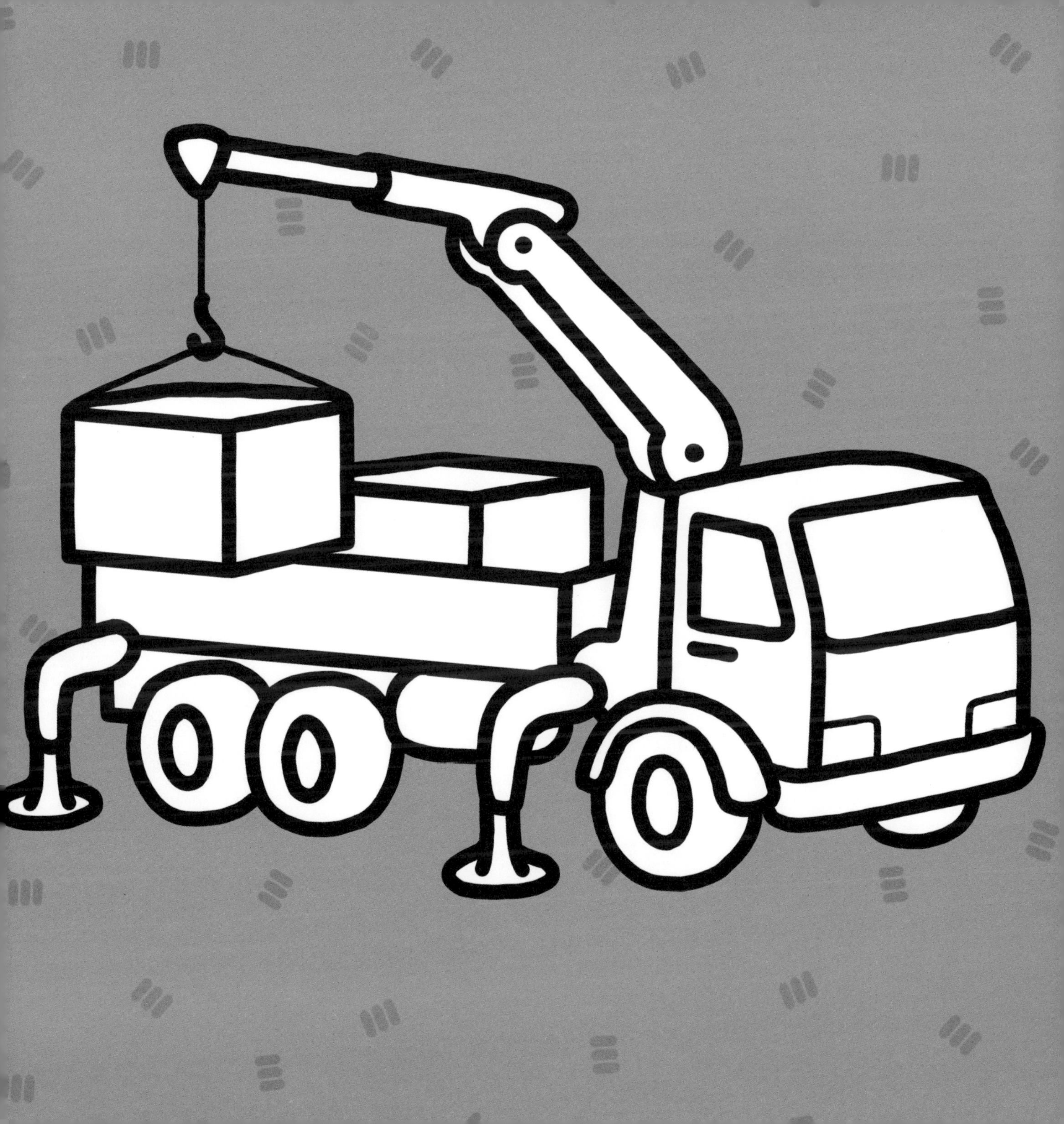

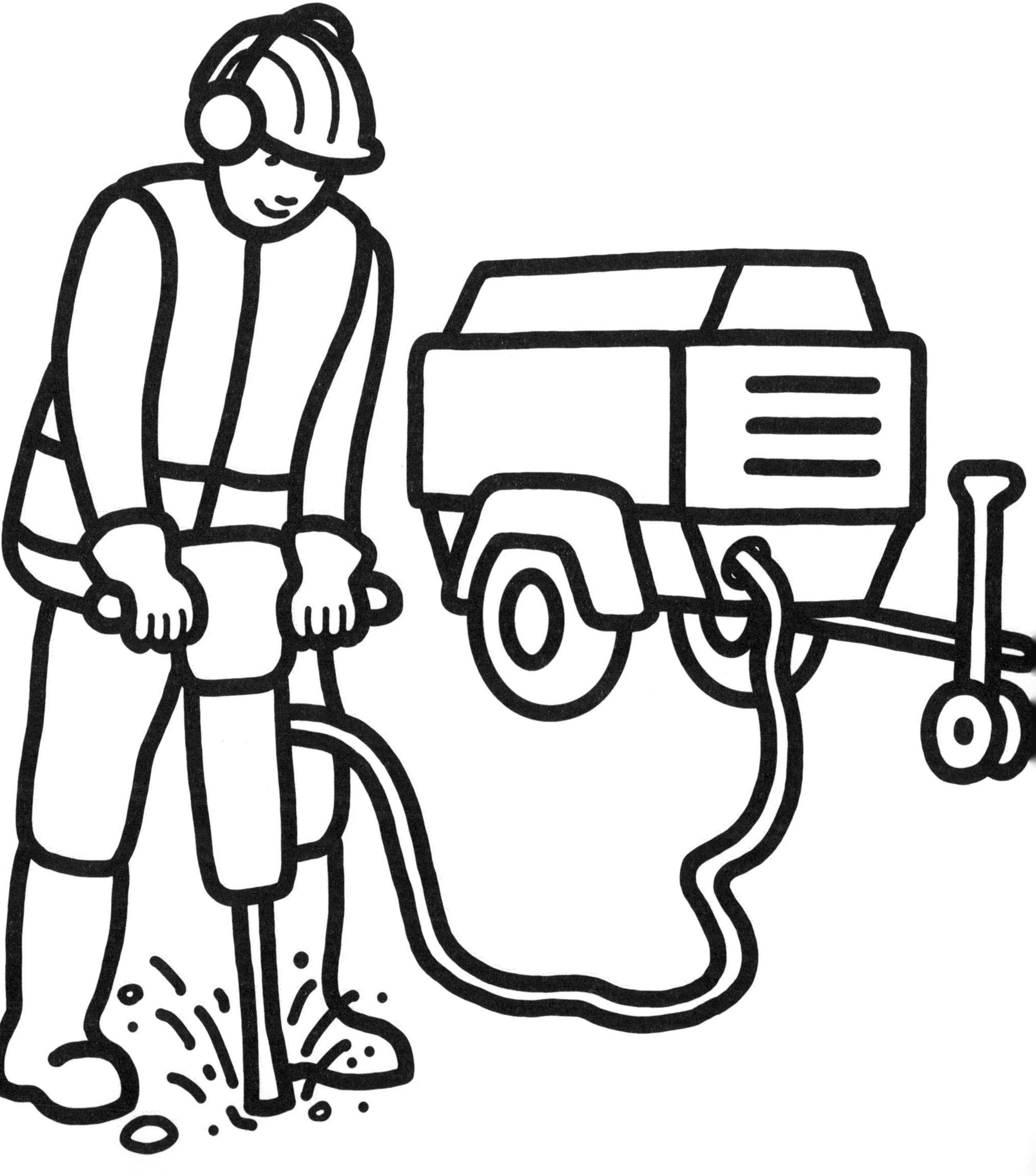

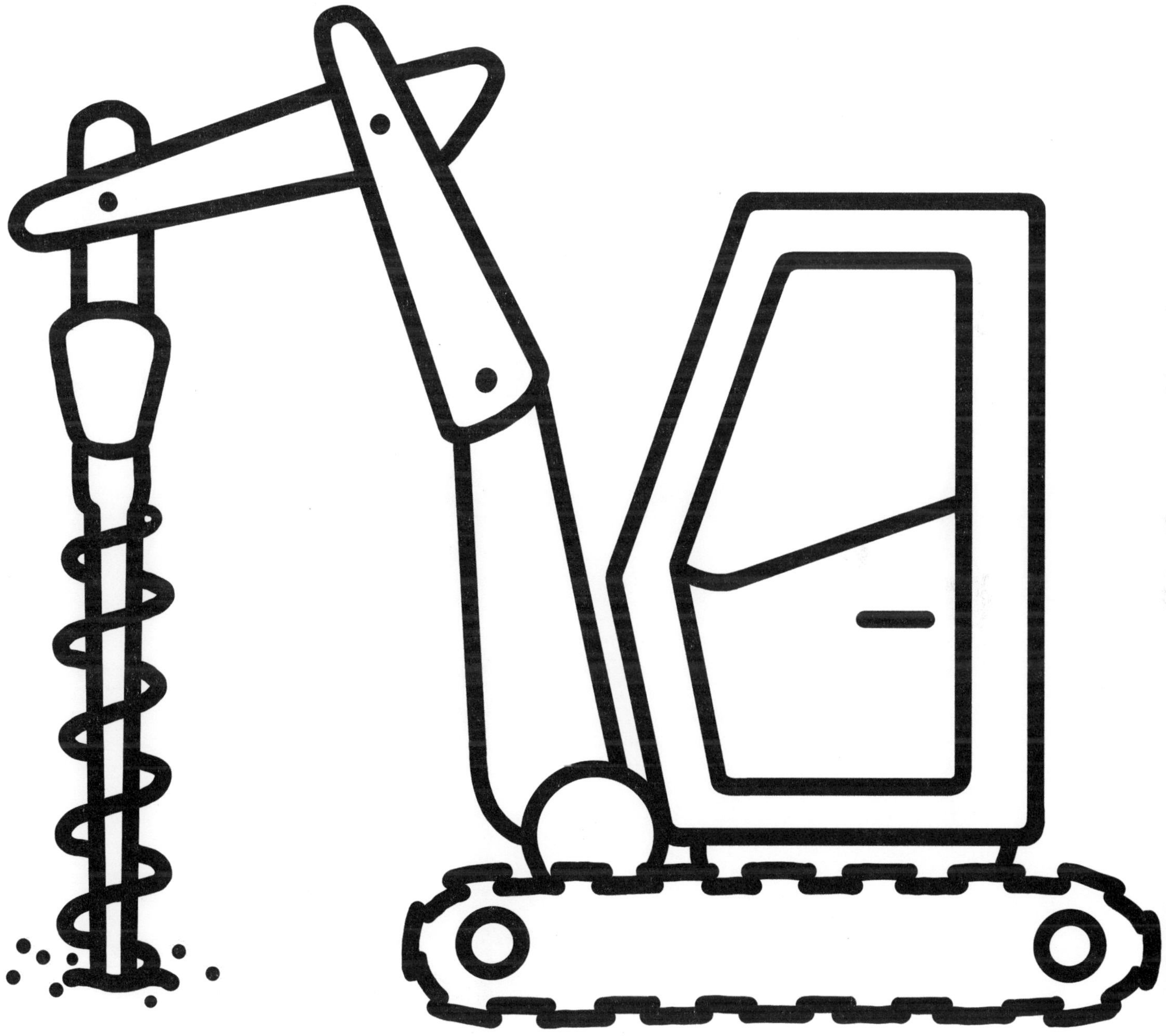

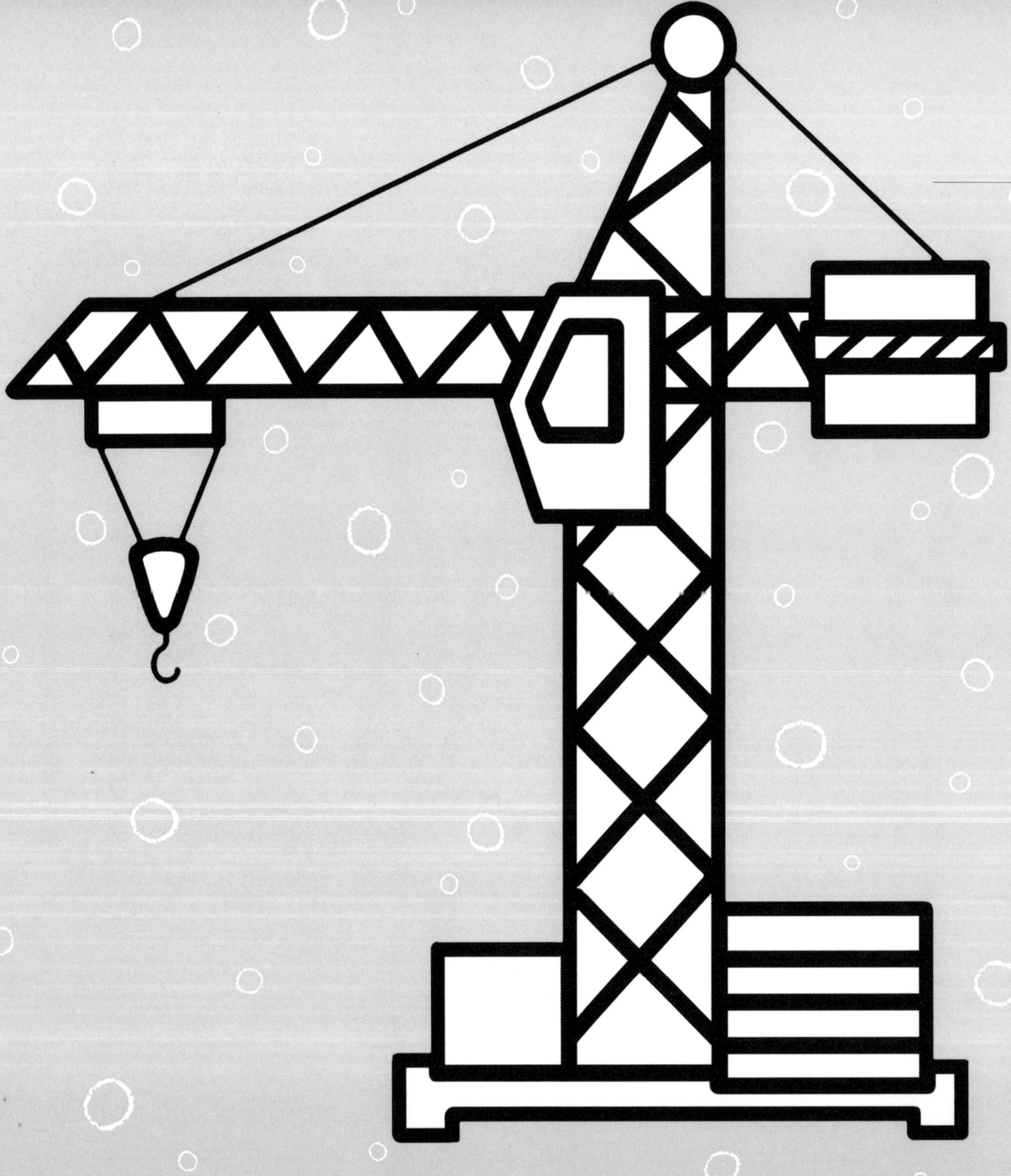